LA BENDICIÓN DE LA NAVIDAD

JOSEPH RATZINGER
BENEDICTO XVI

LA BENDICIÓN DE LA NAVIDAD

Meditaciones

Traducción de
ROBERTO H. BERNET

Herder

Título original: Der Segen der Weihnacht
Traducción: Roberto H. Bernet
Diseño de la cubierta: Claudio Bado
Imágenes: Archivo de la editorial Herder, Friburgo de Brisgovia

2.ª edición, 3ª impresión, 2023

ISBN: 978-84-254-2602-5

Imprenta: Liberdúplex
Depósito legal: B - 45.559 - 2010
Printed in Spain – Impreso en España

Herder

ÍNDICE

Prefacio 9

Al comienzo del Adviento
Una conversación de Adviento
con enfermos 13

La genealogía de Jesús 29

El árbol de la vida 45

El buey y el asno en el pesebre 53

La nueva estrella 71

«La luz brilla en las tinieblas» 83

«Y la Palabra se hizo carne» 101

Apéndice 117
   Notas 119
   Relación de fuentes 125

Este volumen reúne dos libros anteriores de Joseph Ratzinger que se complementan adecuadamente: *Licht, das uns leuchtet* (1978) y *Lob der Weihnacht* (1982, en común con Heinrich Schlier). Ambos contienen meditaciones escritas por el autor sobre todo en la época de su arzobispado en Múnich. Los textos fueron redactados para un público lector y oyente de amplitud más bien general y con carácter de sermones, artículos para periódicos o contribuciones radiales.

Ambos libros, que han gozado de gran aceptación pero ya se encuentran agotados, se publican ahora de nuevo reunidos en un único volumen. Estas meditaciones muestran una vez más a Joseph Ratzinger, ahora papa Benedicto XVI, como un hombre de espiritualidad que sabe llegar con su mensaje tanto al entendimiento como al corazón.

Editorial Herder

«*Cristo, centro de la Historia*» *(alrededor de 1320)*
Estambul, mosaico en la cúpula de San Salvador de Chora

Del prólogo del autor al libro
Licht, das uns leuchtet

Los artículos que presentamos compilados en este opúsculo surgieron con diferentes ocasiones durante el Adviento y el tiempo de Navidad de 1977. La iniciativa de reunirlos de esta manera para su publicación provino de la editorial Herder, a la que agradezco por ello. La única intención de estos escritos es suscitar aquella mirada interior a la que se desvela la verdad contenida en el versículo bíblico que dice: «Apareció la bondad de Dios nuestro Salvador y su amor a los hombres» (Tit 3,4).

Del prólogo del autor al libro
Lob der Weihnacht

Si la Pascua representa desde la perspectiva teológica el centro del año litúrgico, Navidad es la fiesta más humana de la fe, puesto que nos hace sentir de la manera más profunda la humanidad de Dios. En ningún otro lugar se puede percibir como en el pesebre lo que significa que Dios ha querido ser *Emanuel*, «Dios con nosotros», un Dios con el que nos tratamos de tú porque nos sale al encuentro como niño. Así, la Navidad es también de manera especial una fiesta que invita a la meditación, a la contemplación interior de la palabra (véase Lc 1,29; 2,19; 2,51).

AL COMIENZO DEL ADVIENTO

UNA CONVERSACIÓN
DE ADVIENTO CON ENFERMOS

Cuando ya se percibe por todas partes la silenciosa alegría del tiempo prenavideño, en cierto sentido puede resultar especialmente difícil tener que estar enfermo y no poder compartir del todo la alegría, pues las fatigas de la enfermedad se le oponen. Pero, tal vez, el Adviento pueda tornarse también y de manera especial una medicina para el alma, una medicina que haga más llevadera la forzada inactividad y el dolor de la enfermedad y que hasta sea capaz de ayudar a descubrir la gracia que puede anidar silenciosamente en la condición de enfermo.

Un adviento muy personal

Consideremos qué significa propiamente «Adviento». Es una palabra latina que traducimos al español como «presencia, llegada».[1] En el lenguaje del mundo antiguo, «Adviento» era un término técnico que servía para designar la llegada de un funcionario, en especial de reyes o emperadores, a alguna zona de provincia. También podía designar la venida de la divinidad, que sale de su ocultamiento y demuestra poderosamente su presencia o cuya presencia es celebrada solemnemente en el culto.

Los cristianos asumieron esa palabra para expresar su relación especial con Jesucristo. Para ellos, Cristo es el rey que ha venido a la pobre zona de provincia de la tierra y que regala a la tierra la fiesta de su visita. Él es Aquel cuya presencia en la asamblea litúrgica es objeto de su fe. Con la palabra «Adviento», los cristianos querían decir, en sentido muy general: Dios está presente. Él no se ha retirado del mundo. No nos ha dejado solos. Aun cuando no lo veamos ni podamos tocarlo físicamente como se tocan las cosas, está presente y viene a nosotros de múltiples maneras.

Por eso, dentro del contexto de sentido de la palabra «Adviento» se encuentra también la palabra *visitatio*, «visitación», que significa simplemente «visita». [...] La enfermedad y el sufrimiento pueden ser, al igual que una gran alegría, algo así como un adviento muy personal, una visita de Dios que entra en mi vida y quiere acercárseme. Aun cuando nos resulte difícil, deberíamos intentar comprender los días de enfermedad de la siguiente manera: el Señor ha interrumpido por un tiempo mi actividad a fin de conducirme a la quietud.

En mi vida cotidiana tengo poco tiempo para él y poco tiempo para mí mismo. Estoy ocupado en mis negocios de la mañana a la noche y hasta escapo de mí mismo porque no sé que hacer conmigo. La profesión, la sociedad, la diversión me tienen en su poder, pero yo no me tengo a mí mismo en mis manos. De ese modo me voy asilvestrando también en mi interior. Las cosas me empujan y arrastran, soy sólo un momento en el funcionamiento de su gran mecanismo.

Pero, ahora, Dios me ha sacado de ahí. Tengo que estarme quieto. Tengo que esperar. Tengo que tomar consciencia de mí mismo, soportar la soledad. Tengo que sobrellevar el dolor, aceptarme a mí mismo. Y todo eso es difícil.

Pero ¿no será que Dios realmente me espera en esa quietud? ¿No será que lo que está haciendo es lo que relata la parábola de la vid y los sarmientos, donde dice: «Todo sarmiento mío que no da fruto lo corta; y todo el que da fruto lo poda, para que dé más todavía» (Jn 15,2)?

Si aprendo a aceptarme en estos días de quietud, si tolero el sufrimiento porque, a través de él, el Señor me poda, ¿no me estoy haciendo más rico que si hubiese ganado mucho dinero? ¿No ha sucedido en mí algo más constante y fructífero que las cosas que se pueden contar y calcular?

Visita del Señor. Tal vez, la enfermedad podría adquirir otro rostro si la viésemos como una realidad de Adviento. No sólo nos rebelamos contra ella porque duele, porque el estar quieto y la soledad son difíciles. Nos rebelamos contra ella porque tendríamos muchas cosas muy importantes que hacer, porque parece no tener sentido. Pero en absoluto carece de él. En el entramado de la vida humana, la enfermedad tiene una gran importancia. Ella puede constituir el momento de Dios en nuestra vida, el tiempo en que estamos abiertos a él y en que, con ello, aprendemos también a encontrarnos nuevamente a nosotros mismos.

Tal vez deberíamos hacer alguna vez el experimento de comprender los distintos sucesos que se producen durante el día como señas que nos hace Dios. Tal vez podríamos registrar alguna vez no sólo lo enojoso y desagradable, sino esforzarnos por descubrir cuán a menudo me hace sentir Dios algo de su amor. Sería una tarea hermosa y terapéutica llevar, por decirlo así, un diario interior de las cosas buenas.

El Señor está presente: esta certeza cristiana debería ayudarnos a mirar el mundo con otros ojos y a aprender a entender las cosas dolorosas que nos suceden como visita, como un modo en el que él viene a nosotros, como un modo en el que puede acercársenos.

Caminos y modos de la espera

Un segundo elemento fundamental del Adviento es la espera, que es al mismo tiempo esperanza. Con ello, el Adviento representa lo que constituye el contenido del tiempo cristiano y de la historia en general. Jesús lo ha mostrado en muchas de sus parábolas: en la historia de los siervos que esperan el regreso de su señor o, por el contrario, lo olvidan y se comportan como si fuesen propietarios; en el relato de las vírgenes que pueden esperar o no al esposo, y en las parábolas de la siembra y la cosecha.

El hombre es en su vida un ser que espera. Como niño quiere llegar a ser adulto, como adulto quiere progresar y tener éxito; por fin, anhela el descanso y, finalmente, llega el tiempo en que descubre que ha puesto sus esperanzas en demasiado poca cosa si, más allá de la profesión y de la posición social, no le queda nada más que esperar.

Nunca la humanidad ha podido dejar de esperar tiempos mejores; la cristiandad espera que el Señor pase por la historia entera y que, algún día, recogerá

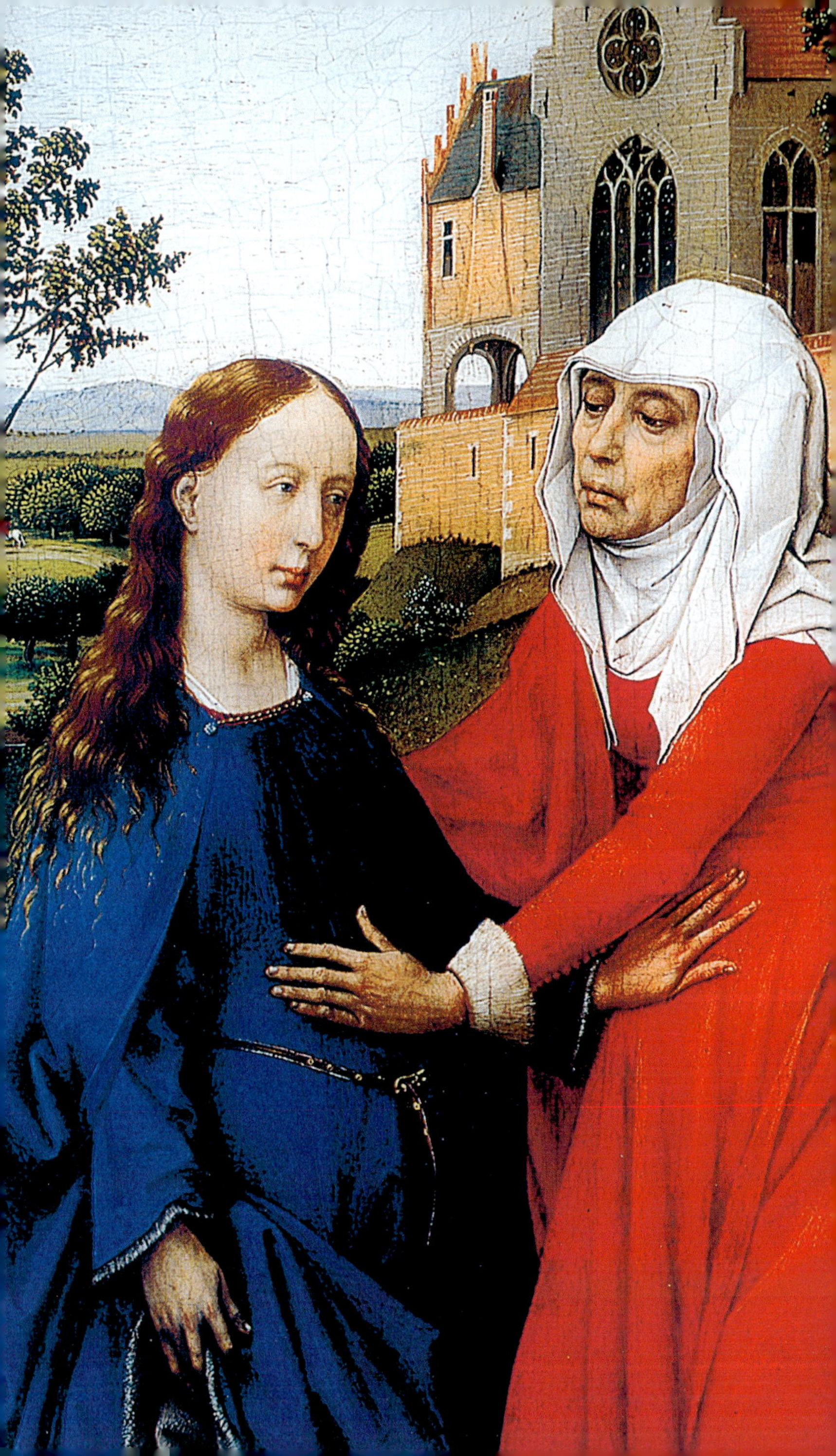

todas nuestras lágrimas y fatigas de modo que todo halle explicación y consumación en *su* reino.

No hay momento en que se perciba con mayor claridad el hecho de que el hombre es un ser que espera que el tiempo de la enfermedad. Cada día esperamos signos de mejoría y, por último, la recuperación completa. Pero al mismo tiempo descubrimos que hay modos muy diferentes de esperar.

Cuando el tiempo no está lleno por sí mismo de una presencia con sentido, la espera se hace insoportable. Si sólo podemos dirigir nuestras expectativas a alguna cosa situada en el porvenir, mientras que en el ahora no hallamos nada en absoluto, si el presente permanece completamente vacío, cada segundo se hace demasiado largo. Del mismo modo, la espera es una carga demasiado pesada cuando es totalmente incierto si acaso podemos esperar algo.

Pero si el tiempo en sí mismo tiene sentido, si en cada momento se esconde algo propio y valioso, la alegría anticipada de algo aún mayor que está por venir hace aún más valioso el presente y nos impulsa como con una fuerza invisible más allá de los momentos. Justamente a vivir este tipo de espera quiere ayudarnos el Adviento: es la forma propiamente cristiana de esperar y tener esperanza.

Rogier van der Weyden (alrededor de 1400-1464):
Visitatio: encuentro de María e Isabel, ambas encintas
Leipzig, Museo de las artes plásticas

Pues los regalos de Jesucristo no son puro futuro sino que se insertan en el presente. Él está ocultamente presente ya ahora: me habla de múltiples maneras –por la Sagrada Escritura, por el año litúrgico, por los santos, por ciertos acontecimientos de la vida cotidiana, por la creación entera, que, si *él* está detrás de ella, se ve de forma diferente que si estuviese envuelta por la niebla de un origen y un futuro inciertos–. Puedo dirigirle la palabra, puedo presentarle mi queja, mi lamento, puedo exponerle mi dolor, mi impaciencia, mis preguntas, consciente de que su escucha está siempre presente.

Si él existe, no hay tiempo carente o vacío de sentido. Entonces, cada momento es en sí mismo valioso aun cuando yo no pueda hacer otra cosa que soportar calladamente mi enfermedad. Si él existe, queda siempre algo por esperar allí donde otros no pueden darme esperanza alguna. Entonces, la vejez y la condición de jubilado no son el último escalón de la vida, desde el cual sólo se puede mirar atrás. Entonces viene siempre algo aún más grande, y justamente el tiempo de la inutilidad exterior puede tornarse en una forma suprema de maduración.

Por tanto, la esperanza cristiana no desvaloriza el tiempo, sino que significa, justamente, que cada momento de la vida tiene su valor; significa que podemos aceptar el presente y que debemos llenarlo, porque todo lo que hemos asumido desde nuestro interior tiene permanencia.

Tiempo de una alegría que ningún sufrimiento es capaz de erradicar

De ese modo se entiende, por último, un tercer aspecto: el Adviento no es solamente el tiempo de la presencia y de la espera del Eterno. Justamente porque es ambas cosas a la vez, es también y de manera especial un tiempo de alegría, y de una alegría interiorizada que el sufrimiento no puede erradicar.

Tal vez pueda entendérselo de la mejor manera si se contempla en profundidad el contenido interior de nuestras costumbres de Adviento. Casi todas ellas hunden sus raíces en palabras de la Sagrada Escritura que la Iglesia utiliza durante ese tiempo en la oración. El pueblo creyente ha traducido en ellas de alguna manera la Escritura a lo visible.

Por ejemplo, en el salmo 96 se encuentra la frase: «Que dancen de gozo los árboles del bosque, delante del Señor que hace su entrada». La liturgia ha ampliado la idea relacionándola con otras que hay en los salmos y formando así la frase: «Montes y colinas cantarán alabanzas en la presencia de Dios, y batirán palmas todos los árboles del bosque, porque viene el Señor, el Soberano, a ejercer su señorío eternamente».

Los adornados árboles del tiempo de Navidad no son más que el intento de hacer que esa frase se convierta en una verdad visible: el Señor está presente —así lo creían y lo sabían nuestros ancestros—; por tanto, los árboles deben ir a su encuentro, inclinarse ante él, convertirse en alabanza de su Señor. Y, fundados en la misma certeza de fe, esos ancestros nuestros hicieron que también fuesen verdad las palabras que refieren el canto de los montes y colinas: ese canto que ellos entonaron sigue resonando hasta nuestros días y nos permite presentir algo de la cercanía del Señor —la única que podía regalar al ser humano sones semejantes—.

Hasta una costumbre aparentemente tan exterior como la repostería de Navidad tiene sus raíces en la liturgia de Adviento de la Iglesia, que en esos días de fin de año evoca la magnífica frase del Antiguo Testamento que dice: «Aquel día, los montes destilarán dulzura y las colinas manarán leche y miel». Los hombres de aquellos tiempos

habían visto en esas palabras la síntesis de sus esperanzas en un mundo redimido. Y una vez más se dio que nuestros ancestros celebraron la Navidad como el día en que Dios vino realmente. Si Dios viene en la Navidad, reparte, por decirlo así, la miel. Por tanto, tiene que ser verdad que la tierra mana esa miel: donde él esté, desaparece toda amargura, coinciden el cielo y la tierra, Dios y hombre; y la miel, la repostería de miel, es un signo de esa paz, de la concordia y la alegría.

Así la Navidad se convirtió en la fiesta de los regalos, en la que nosotros imitamos al Dios que se regala a sí mismo y que, con ello, nos ha dado nuevamente la vida, que sólo se convertirá realmente en don cuando, a la leche de la existencia, se agregue la miel de ser amado, de un amor que no está amenazado por ninguna muerte, por ninguna infidelidad y por ninguna ausencia de sentido.[2]

Todo ello confluye por último en la alegría de que Dios se ha hecho niño, un niño que nos anima a tener confianza como los niños, a regalar y recibir regalos.

Tal vez nos resulte difícil admitir estos tonos alegres cuando nos vemos atormentados por preguntas, cuando la enfermedad del cuerpo y los problemas del alma nos aquejan por igual y nos impulsan más bien a rebelarnos contra un Dios incomprensible.

Pero el signo de esperanza representado en este niño está puesto también y precisamente para los atribulados. Justamente por eso ha podido producir un eco tan puro que su poder de consuelo llega a tocar incluso el corazón de los incrédulos.

Tal vez deberíamos celebrar el Adviento dejando que los caros signos de este tiempo penetren en nuestra alma sin que les ofrezcamos resistencia, dejando que su calor nos temple sin caer en preguntas y cavilaciones, y aceptando después llenos de confianza la inmensa bondad de ese niño, el que pudo solo hacer cantar las montañas y que ha convertido en alabanza los árboles del bosque.

MP ΘΥ

LA GENEALOGÍA
DE JESÚS

1   *Genealogía de Jesucristo, hijo de David, hijo de Abrahán.*

2   *Abrahán engendró a Isaac, Isaac engendró a Jacob, Jacob engendró a Judá y a sus hermanos.*

3   *Judá engendró, de Tamar, a Farés y a Zará. Farés engendró a Esrón, Esrón engendró a Arán,*

4   *Arán engendró a Aminadab, Aminadab engendró a Naasón, Naasón engendró a Salmón,*

5   *Salmón engendró, de Rajab, a Booz. Booz engendró, de Rut, a Obed, Obed engendró a Jesé,*

6   *y Jesé engendró al rey David. David engendró, de la que fue mujer de Urías, a Salomón.*

7   *Salomón engendró a Roboán, Roboán engendró a Abías, Abías engendró a Asaf,*

8   *Asaf engendró a Josafat, Josafat engendró a Jorán, Jorán engendró a Ozías,*

9   *Ozías engendró a Jotán, Jotán engendró a Ajaz, Ajaz engendró a Ezequías,*

10   *Ezequías engendró a Manasés, Manasés engendró a Amós, Amós engendró a Josías,*

11   *Josías engendró a Jeconías y a sus hermanos cuando la deportación de Babilonia.*

12   *Y después de la deportación de Babilonia, Jeconías engendró a Salatiel, Salatiel engendró a Zorobabel,*

13   *Zorobabel engendró a Abiud, Abiud engendró a Eliaquín, Eliaquín engendró a Azor,*

14   *Azor engendró a Sadoc, Sadoc engendró a Ajín, Ajín engendró a Eliud,*

15   *Eliud engendró a Eleazar, Eleazar engendró a Matán, Matán engendró a Jacob,*

16   *Jacob engendró a José, el esposo de María, de la cual nació Jesús, llamado Cristo.*

17   *Por consiguiente, todas estas generaciones suman: de Abrahán hasta David, catorce; de David hasta la deportación de Babilonia, catorce; y de la deportación de Babilonia hasta Cristo, catorce.*

Del Evangelio según san Mateo, capítulo 1

Ecce virgo
concipiet et
pariet filium
et vocabitur
nomen eius
Emanuel

La genealogía que Mateo colocó al comienzo de su Evangelio (1,1-17) muestra a Jesús como ser humano entretejido en una historia humana con sus momentos altos y bajos y como fruto de un largo camino cuyo fin más profundo era dar origen a Jesucristo. Además, como genealogía de Abrahán, es una lección de la fidelidad de Dios: la promesa se cumple a través de todos los rodeos del itinerario histórico. Dios no olvida su promesa. No calla. Sigue siendo fiel a sí mismo y sabe abrirle camino a su fidelidad a través de todas las distorsiones que introduce el ser humano. Además, se trata también de una genealogía de David: los caracteres hebraicos con los que se escribe el número catorce son los mismos que se utilizan para escribir el nombre de David. Así, la genealogía es un evangelio del reinado de Cristo, una fanfarria real: ese hombre oculto, crucificado, es el verdadero rey, y toda la estructura de la historia está orientada hacia él.

*Genealogía para la Iglesia
formada por judíos y gentiles*

Pero hay algo más que ha de ser considerado: esta genealogía menciona también a mujeres, a cuatro mujeres de la historia judía y, después, a María. Era algo totalmente tradicional el que en la historia de Israel se destacara a cuatro mujeres como las grandes madres ancestrales: Sara, Rebeca, Lea y Raquel. Pero Mateo no nombra a *esas* cuatro sino a otras, a cuatro mujeres afectadas por algún aspecto embarazoso, mujeres que lesionan la pureza de una genealogía y que, por tanto, eran consideradas como una mancha en la historia de Israel; cuatro mujeres que, por lo tanto, solían pasarse tácitamente por alto.

Por eso se ha afirmado que, en su genealogía, Mateo manifiesta claramente lo que él quería convertir en un silencioso hilo conductor de todo su Evangelio: que los últimos serán los primeros. Dios invierte los criterios de los hombres. Dios ha escogido lo débil. Más aún: como se trata en todos estos casos de mujeres pecadoras, su mención hace de la genealogía una genealogía de la gracia, que se hace cargo del pecador y se funda-

Michelangelo da Caravaggio (1573-1610):
San Mateo y el ángel
Roma, iglesia de San Luis de los Franceses

menta en el perdón, no en la grandeza y los logros humanos.[3]

Todo esto es correcto, pero no me parece que con ello se haya captado el punto de vista central que importa a Mateo. En efecto: en una observación más atenta se puede constatar ante todo que el pecado que estaba en juego en estos casos era un pecado de los varones, no de las mujeres. Lo especial en estas mujeres estriba, en cambio, en que no eran judías y que justamente ellas, mujeres paganas, aparecen en los puntos de inflexión de la historia de Israel, de modo que con toda razón pueden considerarse en Israel como las verdaderas madres ancestrales del reino.

Entre ellas está Rajab, la prostituta que facilita a los emisarios de Israel el camino hacia Jericó y, de ese modo, abre la puerta para la entrada de Israel en la Tierra Santa. Lo hace porque cree en el Dios de esos extranjeros, razón por la cual en el Nuevo Testamento se la considera como madre de la fe al igual que como madre de las buenas obras (Heb 11,31; Sant 2,25). En la Iglesia antigua, Rajab, la sucia prostituta cuya casa se convierte a pesar de ello en hogar para Israel y en camino para la toma de posesión de la Tierra Prometida, aparece como tipo de la Iglesia de los gentiles: ella representa a la Iglesia que se reúne a partir de la suciedad del paganismo y que, a pesar de ello, en su anhelo de la salvación abre la puerta a los enviados de Dios, los apóstoles, que no habían hallado morada en Israel. Así, la Iglesia de los gentiles permite que el mundo se convierta en tierra santa de la fe, la sucia taberna en la casa santa de la comunión con Jesucristo.

Rut era una mujer pagana que había estado unida en matrimonio a un hombre judío, pero que, tras la muerte de su esposo, había quedado en libertad para regresar a su patria. Pero justamente en medio de la miseria de Israel y del dolor de su suegra, permanecerá junto a ésta porque la palabra de su desposorio se había convertido en una impronta permanente de su vida: tu Dios será mi Dios. Rut, la pagana, se había hecho seguidora del Dios de Israel, convirtiéndose así en la verdadera madre ancestral de la dinastía davídica.

Betsabé, la mujer de Urías, era hitita como su esposo. Al darle el sí a David, acepta también a su Dios y se convierte de ese modo en madre de Salomón, en quien el Evangelio de Mateo ve reiteradamente el prototipo de Jesucristo.

Por último, sólo a través de Tamar, que consigue a la fuerza el derecho a descendencia que Judá le negaba, se llega al reinado de Judá, cum-

pliéndose de ese modo la promesa de la bendición
de Jacob: «Vendrá aquel a quien pertenece el
bastón de mando y a quien los pueblos deben obe-
diencia».[4]

Eso significa que esta genealogía, que a primera vista parece un estricto árbol genealógico de
Abrahán y de David, es por la presencia de las
cuatro mujeres una genealogía de la Iglesia formada por judíos y gentiles. Tal genealogía remite
al futuro, a la Iglesia de los pueblos. Hasta podría
decirse que estas cuatro mujeres desplazan en esa
genealogía la historia de los hombres, con todo
su peso e importancia. Ellas cuatro forman las
verdaderas articulaciones de la genealogía, que
deja así de ser una genealogía de acciones supues-
tamente masculinas para convertirse en una genealogía de la fe y de la gracia: en la fe de esas mujeres
se basa lo más propio de esta historia, la continua-
ción de la promesa.

Con este aspecto, y aun a pesar de todos los
que se le oponen, se hace visible la relación interior que se da con la quinta mujer, hacia la cual
todo se orienta: María. Aquí, en este punto último y decisivo, se visualiza plenamente la relati-
vización, la irrelevancia última de toda la historia de los varones. Antes, los nombres estaban
vinculados por la palabra «engendró» [...]. Pero

Leonardo da Vinci (1452-1519):
La Virgen, el Niño Jesús y santa Ana
París, Museo del Louvre

al final no se habla ya de «engendrar», sino que se dice: «Jacob engendró a José, el esposo de María, de la cual nació Jesús, llamado Cristo». José no engendró a Jesús: era solamente el esposo de María. Ya sólo por intermedio de esa pertenencia jurídica, no por la vía de la unión biológica, Jesús pertenece a esa genealogía y ella le pertenece. Él es su legítimo titular: para Israel, lo decisivo, lo real, era siempre la procedencia jurídica, no la biológica. A través de ese derecho, el Antiguo Testamento le pertenece.

Un nuevo comienzo por el sí de María

Pero al mismo tiempo se instaura un nuevo comienzo, y este verdadero comienzo, del cual depende en definitiva todo, acontece por la fe, por el sí de María. Este verdadero comienzo está prefigurado y dado de antemano en lo que una y otra vez se convirtió en Israel en un comienzo eficaz: la fe de las madres, la fe de los extranjeros.

Con ello, el evangelista abre para nosotros toda esa realidad que parece estar tan lejos de nosotros: ese comienzo puede estar siempre presente. Por él se da la constante posibilidad del parentesco con Jesús, de la unidad con él. El *fiat* de María es el ámbito al que podemos entrar en cada momento y al que nos invita este Evangelio: allí se da el comienzo; allí tocamos la encarnación del Señor de la que nos habla el Evangelio; pero allí nos encaminamos también hacia el cumplimiento de la petición en que la oración de la liturgia de la Iglesia hace desembocar hoy el Evangelio: que, con Cristo y en Cristo, los hombres seamos partícipes de la vida divina.[5]

Si entramos en ese ámbito, entonces nos pertenece, junto con Cristo, todo el Antiguo Testamento. Entonces, estamos en ese «sagrado intercambio» entre Dios y el hombre, entre hombre y hombre, en el que todo pertenece a todos en la «comunión de los santos». Este Evangelio nos llama a acceder a la puerta del *fiat*: ésa es su invitación, ésa es la mano de la gracia que el Señor nos tiende en esta hora de Adviento.

EL ÁRBOL DE LA VIDA

Hace unos años tuve la suerte de ver el árbol de navidad probablemente más antiguo que se haya conservado en todo el mundo. Este árbol viene a ser algo así como la imagen del altar mayor de la iglesia del Christkindl (del Niño Jesús), situada en las afueras de la ciudad de Steyr, en el norte de Austria. La historia del árbol se remonta hasta el año 1694. En ese entonces, Steyr había recibido un nuevo campanero y director de coro que sufría de epilepsia, la «enfermedad de las caídas», como lo consigna con candidez la crónica. El hombre había aprendido en Melk, de donde era oriundo, la veneración del Niño Jesús. Así pues, colocó en la cavidad de un abeto de mediana altura una imagen de la Sagrada Familia y cultivó frente a esa imagen sus prácticas de piedad, que le proporcionaban fortaleza y consuelo. Después, se enteró de la existencia de una imagen del Niño Jesús que había traído la curación a una monja paralítica. Finalmente, recibió una reproducción exacta de esa imagen: un Niño Jesús de cera que sostiene en una mano la cruz y en la otra la corona de espinas. El hombre llevó esa imagen al árbol, rezó frente a ella su devoción y sintió que de ella emanaba una fuerza sanadora.

Poco a poco, los hombres de la zona fueron enterándose y comenzaron a peregrinar al Niño Jesús del árbol. Imponiéndose a los titubeos de las autoridades eclesiásticas de Passau lograron que se construyera en torno al árbol una pequeña iglesia. Así, en 1708 se colocó la piedra fundamental de la iglesia del Christkindl, que fue erigida por los arquitectos más célebres de esa época en Austria siguiendo el modelo de Santa Maria Rotonda de Roma. La iglesia se ha convertido de alguna manera en una preciosa envoltura del árbol, del cual surgen el altar y el sagrario: el árbol sigue conteniendo el pequeño Niño Jesús de cera, que, con corona y rodeado de rayos dorados, entraña promesa y esperanza para los hombres.

El árbol de la vida reencontrado

Ese encuentro no se convirtió para mí solamente en una interpretación de una de nuestras hermosas costumbres navideñas, sino también, a partir de ella, en un acceso al centro mismo del misterio de la Navidad. Ese árbol se levanta como el árbol de la vida del paraíso, que ha sido reencontrado: «el querubín no está ya vedando la entrada».[6] Ese árbol es María con el fruto bendito de su vientre, Jesús. Pero Jesús está allí como niño, inerme, en ademán de invitación, como «Emanuel», un Dios al alcance de la mano, un Dios para tratar de «tú». Él nos invita a su casa, a nosotros, que en un sentido muy profundo sufrimos todos de la «enfermedad de las caídas». Una y otra vez somos incapaces de andar y de estar interiormente erguidos. Una y otra vez caemos, no tenemos el dominio de nosotros mismos, estamos alienados y carecemos de libertad. La iglesia rotonda subraya esa misma afirmación. El octógono circular es la forma clásica de la iglesia bautismal, que retoma a su vez antiquísimas tradiciones religiosas: la cueva y la construcción redonda que sugieren el seno materno, el misterio del nacimiento.

Así, la construcción remite de nuevo a María, a la Iglesia, a nuestro bautismo y nuevo nacimiento. Interpreta para nosotros lo que significa que Dios se haya hecho niño. Interpreta lo que significa la frase de Jesús a Nicodemo: «Si no naces del agua y del Espíritu no puedes entrar en el reino de Dios». Y en este contexto tiene también su lugar la otra frase de Jesús: «Si no os hacéis como niños no entraréis en el reino de los cielos».

Parafraseando lo que Karl Marx dijo en una ocasión: no serás independiente mientras te debas a la gracia de otro. Mientras no seas independiente, no serás libre sino dependiente. ¡Qué raciocinio tan obvio! Pero si se lo analiza más de cerca, viene a significar que se declara el amor como falta de libertad, puesto que el amor implica que necesito del otro y de su gracia.

Esa idea de libertad entiende el amor como una esclavitud y tiene como presupuesto la destrucción del amor. En ello es un ataque a la verdad de la condición humana, que vive del amor. Y también es un ataque a Dios, cuya imagen es el hombre justamente por el hecho de que necesita amor. En efecto, Dios tampoco quiso ser independiente del amor: el Hijo existe sólo desde el Padre, el Espíritu sólo desde ambos y el Padre sólo hacia ambos: él es Dios sólo en esa dependencia mutua, como Trinidad. No puede ser de otro modo si Dios es amor.

El fruto del árbol de la vida

A esa verdad primordial de la condición humana nos remite el Niño Jesús: tenemos que nacer de nuevo. Debemos ser aceptados y dejarnos aceptar. Hemos de dejar transformar nuestra dependencia en amor y, así, llegar a ser libres. Tenemos que nacer de nuevo, deponer el orgullo, llegar a ser niños:

reconocer y recibir en el Niño Jesús al fruto de la vida. A ello quiere conducirnos la Navidad: ésa es la verdad del niño, la verdad del fruto del árbol de la vida. El árbol de Christkindl, que nos dice esto, es al mismo tiempo una custodia: la manifestación de Aquel que es el pan de la vida, la aparición visible de la salvación. Y ese árbol es cruz y, por eso, pudo convertirse en altar. El niño sostiene la cruz y la corona de espinas en las manos, los signos del amor que convierte el árbol en cruz, pero también la cruz en mesa de la vida eterna.

El verdadero árbol de la vida no está lejos de nosotros, en algún paraje de un mundo perdido. Ha sido erigido en medio de nosotros, no sólo como imagen y signo, sino en la realidad. Jesús, que es el fruto del árbol de la vida, la vida misma, se ha hecho tan pequeño que nuestras manos pueden contenerlo. Se hace dependiente de nosotros para hacernos libres, para recuperarnos de nuestra «enfermedad de las caídas». No defraudemos su confianza. Depositémonos en sus manos tal como él se ha depositado en las nuestras.

EL BUEY Y EL ASNO
EN EL PESEBRE

Por Navidades nos deseamos de corazón que, en medio del ajetreo en que vivimos actualmente, este tiempo festivo nos regale un poco de contemplación y de alegría, contacto con la bondad de nuestro Dios y, así, nuevos ánimos para seguir adelante. Es por eso que, al comienzo de esta breve reflexión sobre lo que la fiesta de Navidad es capaz de decirnos hoy a nosotros, puede resultarnos útil examinar brevemente el origen de la celebración de Navidad.

El calendario festivo de la Iglesia no se ha desarrollado primero en atención a la Natividad de Jesús sino a partir de la fe en su resurrección. La fiesta primordial de la cristiandad no es, pues, la Navidad, sino la Pascua. En efecto, sólo la resurrección ha fundado la fe cristiana y ha dado origen a la Iglesia. Por eso, ya Ignacio de Antioquía (muerto a más tardar en el año 117 d. C.) designa a los cristianos como aquellos que «no observan ya el sábado, sino que viven según el día del Señor».[7] Ser cristianos significa vivir de forma pascual, basados en la resurrección, la misma que se celebra en la fiesta semanal de Pascua, es decir, el domingo. Quien por primera vez esta-

bleció que Jesús nació el 25 de diciembre fue con certeza Hipólito de Roma en su comentario al libro de Daniel, escrito aproximadamente en el año 204 d. C. Bo Reicke, exégeta que desarrolló años atrás su actividad académica en Basilea, señaló además el calendario festivo en base al cual en el Evangelio de san Lucas se establece una relación recíproca entre los relatos acerca del nacimiento de Juan el Bautista y aquellos que versan sobre el de Jesús. De allí se seguiría que ya san Lucas presupone en su Evangelio como fecha del nacimiento de Jesús el 25 de diciembre. Ese día se celebraba en aquel tiempo la fiesta de la consagración del templo, instituida por Judas Macabeo en el año 164 a. C. Así, la fecha del nacimiento de Jesús significaría al mismo tiempo que, con él, que amaneció como la luz de Dios en la noche invernal, aconteció verdaderamente una consagración del templo: la llegada de Dios a esta tierra.[8]

La Navidad de Francisco de Asís

Comoquiera que sea, la fiesta de Navidad sólo adquirió su forma definida en la cristiandad a partir del siglo IV, cuando desplazó a la fiesta romana del sol invicto y enseñó a entender el nacimiento de Cristo como la victoria de la Luz verdadera. El hecho de que, en esta refundición de una fiesta pagana en una solemnidad cristiana, se asumiera no obstante una antigua tradición judeocristiana es algo que ha quedado claro a través de las observaciones realizadas por Bo Reicke.

Sin embargo, esa especial calidez humana que en la Navidad nos toca tanto que ha llegado a superar ampliamente la Pascua en el corazón de la cristiandad sólo se desarrolló en la Edad Media. Fue Francisco de Asís el que, a partir de su profundo amor al hombre Jesús, al Dios-con-nosotros, contribuyó a desarrollar esta nueva visión. Su primer biógrafo, Tomás de Celano, narra en su segunda biografía lo siguiente: «Con preferencia a las demás solemnidades, celebraba con inefable alegría la del nacimiento del niño Jesús; la llamaba fiesta de las fiestas, en la que Dios, hecho niño pequeñuelo, se crió a los pechos de madre humana. Representaba en su mente imágenes del niño, que besaba con avidez; y la compasión hacia el niño, que había penetrado en su corazón, le hacía incluso balbucir palabras de ternura al modo de los niños. Y era este nombre para él como miel y panal en la boca».[9]

De este espíritu provino después la famosa celebración de Navidad en Greccio, a la que Francisco se sintió impulsado probablemente por su visita a Tierra Santa y al pesebre de Santa Maria Maggiore, en Roma. Lo que motivaba a Francisco era el anhelo de cercanía, de realidad, el deseo de tener una vivencia muy presente de Belén, de experimentar de forma inmediata la alegría del nacimiento del Niño Jesús y de comunicar esa alegría a todos sus amigos.

A esa celebración nocturna del pesebre se refiere Celano en la primera biografía de Francisco de una manera que ha conmovido siempre de nuevo a los hombres y que, al mismo tiempo, ha contribuido decisivamente a que se desarrollara la costumbre navideña más hermosa: la de montar «pesebres», «belenes» o «nacimientos». Con toda razón podemos decir que la noche de Greccio regaló a la cristiandad la fiesta de Navidad de una forma totalmente nueva, de modo que la afirmación propia de esta fiesta, su especial calidez y humanidad, la humanidad de nuestro Dios, se comunicó a las almas y dio a la fe una dimensión nueva. La fiesta de la resurrección había orientado nuestra mirada hacia el poder de Dios que vence a la muerte y nos enseña a poner nuestras esperanzas en el mundo futuro. Pero ahora se hacía visible el amor indefenso de Dios, su humildad y su bondad, que se exponen a nosotros en medio

de este mundo y nos quieren enseñar en su propia manifestación una nueva forma de vivir y de amar.

Tal vez sea útil detenernos aquí por un momento más y preguntarnos: ¿dónde queda Greccio, esa aldea que adquirió una importancia tan especial y propia para la historia de la fe? Es una pequeña localidad en el valle de Rieti, en Umbría, no demasiado alejada de Roma en dirección hacia el noreste. Lagos y montañas confieren a esa comarca un encanto especial y una silenciosa belleza que sigue inspirando emoción todavía hoy, especialmente porque casi no se ha visto afectada por el ajetreo del turismo. El convento de Greccio, situado a 638 metros de altura, ha conservado algo de la sencillez de los orígenes: ha seguido siendo siempre modesto como la aldea que se encuentra a sus pies; el bosque lo rodea como en tiempos del *Poverello* e invita a quedarse y a contemplar. Celano dice sobre Greccio que Francisco amaba especialmente a los habitantes del paraje por su pobreza y sencillez, que iba a menudo a Greccio para tomarse un descanso, atraído entre otras cosas por una celda de extrema pobreza y apartamiento, en la que podía dedicarse sin ser molestado a la contemplación de las cosas del cielo. Pobreza, sencillez, silencio de los hombres y habla de la creación: tales eran al parecer las impresiones que se relacionaban con ese lugar para el santo de Asís. De ese modo, Greccio pudo convertirse en su Belén e inscribir nuevamente el misterio de Belén en la geografía de las almas.

Pero regresemos a la Navidad de 1223. El terreno en Greccio había sido puesto a disposición del Pobre de Asís por un noble llamado Juan, de quien Celano narra que, a pesar de su gran alcurnia e importante posición, «despreciaba la nobleza de la sangre y aspiraba a la nobleza del espíritu». Por eso lo amaba Francisco.[10]

De ese Juan dice Celano que, esa noche, le fue concedida una visión maravillosa. Vio recostado y exánime en el pesebre a un niño que se despertó por la cercanía de san Francisco. El autor agrega: «No carece esta visión de sentido, puesto que el niño Jesús, sepultado en el olvido en muchos corazones, resucitó por su gracia, por medio de su siervo Francisco, y su imagen quedó grabada en los corazones enamorados».[11]

En esa imagen está descrita con toda exactitud la nueva dimensión que Francisco ha regalado a la fiesta de Navidad con su fe, que penetra el corazón y los sentimientos: el descubrimiento de la revelación de Dios contenida precisamente en el Niño Jesús. Justamente así se hizo Dios verdaderamente «Emanuel», Dios con nosotros, de quien no nos separa barrera alguna de alteza o lejanía; como niño se nos ha hecho tan cercano que, sin temor, podemos tutearlo, tratarlo de *tú* en la inmediatez del acceso al corazón de niño.

En el Niño Jesús se manifiesta de la forma más patente la indefensión del amor de Dios: Dios viene sin armas porque no quiere conquistar desde lo exterior, sino ganar desde el interior, transformar desde dentro. Si acaso hay algo que puede vencer al hombre, su arrogancia, su violencia y su codicia, es la indefensión del niño. Dios la asumió para sí a fin de vencernos y conducirnos así a nosotros mismos.

No olvidemos aquí que el título de mayor dignidad de Jesucristo es el de «Hijo», Hijo de Dios. La dignidad divina se menciona con una palabra que designa a Jesús como niño perenne. Su infantilidad se encuentra en una singularísima correspondencia con su divinidad, que es la divinidad del «Hijo». Así, su condición de niño es una indicación del camino por el cual podemos llegar a Dios, a la divinización. Desde allí deben entenderse sus palabras: «Si no cambiáis y os hacéis como niños, no entraréis en el reino de los cielos» (Mt 18,3).

Quien no haya entendido el misterio de la Navidad no ha entendido lo decisivo de la condición

El Nacimiento (*finales del siglo* XII)
Tabla lateral del altar de Sant Andreu de Sagàs (detalle).
Solsona, Museu Diocesà i Comarcal.

cristiana. Quien no lo haya aceptado, no puede entrar en el reino de los cielos: eso es lo que Francisco quería traer de nuevo a la memoria de la cristiandad de su tiempo y de todo tiempo futuro.[12]

El buey y el asno conocen a su Señor

Respondiendo a la indicación de san Francisco, en la cueva de Greccio estaban en la Nochebuena el buey y el asno. Francisco había dicho al noble Juan: «Deseo celebrar la memoria del niño que nació en Belén y quiero contemplar de alguna manera con mis ojos lo que sufrió en su invalidez de niño, cómo fue reclinado en el pesebre y cómo fue colocado sobre heno entre el buey y el asno».[13]

A partir de entonces, el buey y el asno forman parte de toda representación del nacimiento. Pero ¿de dónde provienen el buey y el asno? Bien es sabido que las historias de Navidad del Nuevo Testamento no hacen referencia alguna a ellos. Si investigamos la cuestión, llegaremos a un asunto importante tanto para las costumbres navideñas en su conjunto como, en general, para toda la piedad navideña y pascual de la Iglesia en la liturgia y en los usos populares.

El buey y el asno no son un mero producto de la imaginación piadosa, sino que se han convertido en acompañantes del acontecimiento de la Navidad en virtud de la fe de la Iglesia en la unidad entre el Antiguo y el Nuevo Testamento. En efecto, en Isaías 1,3 dice: «Conoce el buey a su dueño y el asno el pesebre de su amo; Israel no conoce, mi pueblo no entiende».

Los Padres de la Iglesia vieron en esas palabras un discurso profético que preanuncia el nuevo pueblo de Dios, la Iglesia formada por judíos y gentiles.[14] Ante Dios, todos los hombres, judíos y paganos, eran como bueyes y asnos, sin razón ni entendimiento. Pero el Niño del pesebre les abrió los ojos de modo que, ahora, entienden la voz del dueño, la voz de su Señor.

En las representaciones medievales de la Navidad llama siempre la atención que las dos bestias tienen rostros casi humanos al encontrarse e inclinarse con reconocimiento y veneración ante el misterio del Niño. Era lógico, pues ambos animales fueron considerados como la cifra profética detrás de la cual se esconde el misterio de la Iglesia —nuestro misterio, el de quienes somos frente al Eterno como bueyes y asnos a los que en la Nochebuena se les abren los ojos de modo que reconocen en el pesebre a su Señor—.

Pero ¿lo reconocemos realmente? Al colocar en el pesebre las figuras del buey y del asno tiene que venirnos a la memoria *toda* la frase de Isaías, que no es sólo un «evangelio» –promesa de conocimiento futuro– sino también juicio sobre la ceguera presente. El buey y el asno conocen, pero «Israel no conoce, mi pueblo no entiende».

¿Quiénes son hoy buey y asno, quiénes «mi pueblo», que no entiende? ¿En qué se reconoce al buey y al asno, en qué a «mi pueblo»? ¿Y por qué se da que la ausencia de razón alcanza conocimiento y la razón es ciega?

Para encontrar una respuesta tenemos que remontarnos una vez más, junto con los Padres de la Iglesia, a la primera Navidad. ¿Quiénes fueron los que no reconocieron al Señor? ¿Y quiénes lo conocieron? ¿Y por qué se dieron así las cosas?

El que no lo reconoció fue Herodes, que no entendió nada cuando le contaron acerca del niño, sino que se enceguecío aún más por sus ansias de poder y el correspondiente delirio de persecución (Mt 2,3). La que no lo reconoció fue «toda Jerusalén con él» (ibídem). Los que no lo reconocieron fueron los hombres vestidos con refinamiento (Mt 11,8), la gente fina. Los que no entendieron fueron los eruditos, los conocedores de la Biblia, los especialistas en exégesis de la Escritura, que sabían exactamente cuál era el versículo que correspondía, pero, a pesar de ello, no comprendieron nada (Mt 2,6).

Los que sí lo reconocieron –a diferencia de toda esa gente de renombre– fueron «el buey y el asno»: los pastores, los magos, María y José. ¿Es que acaso podía ser de otro modo? En el establo donde está el Niño Jesús no vive la gente fina: allí viven, justamente, el buey y el asno.

Pero ¿y nosotros? ¿Estamos tan lejos del establo porque somos demasiado finos y sesudos para estar en él? ¿No nos enredamos también nosotros en interpretaciones eruditas de la Biblia, en demostrar la inautenticidad o autenticidad del lugar histórico, al punto de quedarnos ciegos para el mismo Niño y no captar nada de él? ¿No estamos también nosotros demasiado en «Jerusalén», en el palacio, afincados en nosotros mismos, en nuestra arrogancia, en nuestra manía persecutoria, como para poder escuchar por la noche la voz de los ángeles, acudir al pesebre y adorar?

Así pues, esta noche los rostros del buey y del asno nos miran con ojos interrogativos: mi pueblo no entiende; ¿entiendes *tú* la voz de tu Señor? Al colocar en el pesebre estas figuras tan familiares deberíamos pedir a Dios que le regale a nuestro corazón la sencillez que descubre en el niño al Señor, como en su día Francisco en Greccio. Entonces podría sucedernos también a nosotros lo que Celano, siguiendo muy de cerca las palabras de san Lucas sobre los pastores de la primera Nochebuena (Lc 2,20), narra acerca de los que participaron en la Nochebuena de Greccio: «todos retornaron a sus casas colmados de alegría».[15]

LA NUEVA ESTRELLA

El 16 de noviembre de 1231, cuando santa Isabel de Hungría estaba en su lecho de muerte, pasó sus últimas horas relatando acerca de la vida de Jesús tal como había aprendido a verla y a entenderla en la Biblia y en la proclamación de fe de la Iglesia. Hacia la medianoche pidió a los que la rodeaban que hicieran completo silencio. «Hablemos sobre el Señor y sobre el Niño Jesús, pues se acerca la medianoche, hora en que nació el dulce Niño Jesús»,[16] dijo. Cuando llegó la hora de su muerte, Isabel hizo su entrada en el silencio de la Nochebuena. La noche de su muerte, ella entró en la noche de la luz.

De este suceso puede aprenderse cuán profundamente había absorbido ella las palabras y las realidades de la fe, de modo que, en ese momento, llenaban por completo su alma y sus sentidos. De igual modo puede aprenderse cuánto había hecho que el ritmo de su tiempo estuviese marcado por la historia de la fe: las horas del tiempo no eran ya fases en el curso de los astros sino horas que narran la historia del amor de Dios con nosotros.

El silencio, ámbito del nacimiento de Dios

Santa Isabel pidió a las personas que guardaran completo silencio ante el nacimiento del Niño. Eso podría aparecer a primera vista casi como un juego: el pequeño quiere dormir y no hay que molestarlo. Pero ese aparente juego es en realidad expresión de un respeto que es lo único que abre el camino hacia el misterio. El silencio es el ámbito de ese Niño. El silencio es el ámbito del nacimiento de Dios. Sólo si nosotros mismos entramos en el ámbito del silencio llegamos al lugar donde acontece el nacimiento de Dios.

Así, en esa invitación resuena una de las afirmaciones primordiales de la liturgia navideña, que más tarde ha inspirado tantos cánticos, la frase del libro de la Sabiduría que dice: «Mientras plácido silencio lo envolvía todo, y la noche se encontraba a mitad de su carrera, tu omnipotente palabra desde los cielos, desde el trono real [...] se lanzó en medio de la tierra» (Sab 18, 14s).

Ya Ignacio de Antioquía se había inspirado en esa frase a comienzos del siglo II al referirse a tres misterios que hablan en voz alta, pero que permanecen ocultos a los príncipes de este mundo por-

que han acontecido en el silencio de Dios (*A los efesios* 19, 1).

En el silencio, aprender a escuchar

La Navidad nos llama a entrar en ese silencio de Dios, y su misterio permanece oculto a tantas personas porque no pueden encontrar el silencio en el que actúa Dios. ¿Cómo encontramos ese silencio? El mero callar no lo crea. En efecto, un hombre puede callar exteriormente pero estar al mismo tiempo totalmente desgarrado por el desasosiego de las cosas. Alguien puede callar pero tener muchísimo ruido en su interior.

Hacer silencio significa encontrar un nuevo orden interior. Significa pensar no sólo en las cosas que se pueden exponer y mostrar. Significa mirar no sólo hacia aquello que tiene vigencia y valor de mercado entre los hombres. Silencio significa desarrollar los sentidos interiores, el sentido de la conciencia, el sentido de lo eterno en nosotros, la capacidad de escucha frente a Dios.

De los dinosaurios se afirma que se extinguieron porque se habían desarrollado erróneamente: mucho caparazón y poco cerebro, muchos músculos y poca inteligencia. ¿No estaremos desa-

76

rrollándonos también nosotros de forma errónea: mucha técnica pero poca alma? ¿Un grueso caparazón de capacidades materiales pero un corazón que se ha vuelto vacío? ¿La pérdida de la capacidad de percibir en nosotros la voz de Dios, de conocer y reconocer lo bueno, lo bello y lo verdadero?

Permanecer abiertos a Dios

«Hagamos silencio, hablemos sobre el Señor, que se acerca la medianoche.» ¿No es ya más que hora de introducir una corrección en el curso de nuestra «evolución»?

Esta corrección de curso no puede consistir en una necia postura negativa frente al trabajo humano y al cultivo de la tierra. Pero sí debe consistir en que la razón moral y religiosa recupere su propio espacio en el hombre. El silencio que exige la fe consiste en que el hombre no se vea totalmente absorbido y convertido en un mero factor funcional por la civilización económico-técnica. Tenemos que reaprender a reconocer que entre la ciencia y la superstición existe una posición intermedia: aquella comprensión moral y religiosa más profunda que es la única capaz de desterrar la superstición y de hacer

humano al hombre, en cuanto lo coloca a la luz de Dios.

La Navidad debería ayudarnos a encontrar esa corrección de curso y, de ese modo, prestarnos mutuamente y prestar al mundo el servicio que con más urgencia necesita. En efecto, el apremio más profundo del hombre de hoy no proviene de la crisis de nuestras reservas materiales, sino de que se nos tapian las ventanas que miran a Dios y de que, de ese modo, nos vemos en el peligro de perder el aire que respira el corazón, de perder el núcleo de la libertad y de la dignidad humanas.

Recibir luz y dar luz

Volvamos a santa Isabel de Hungría. Sus últimas palabras fueron: «Entonces, él creo una estrella nueva que nunca antes había aparecido».[17] Con la mirada puesta en esa estrella dio ella el paso al otro mundo. La estrella que había seguido durante su vida la iluminó también en su hora postrera, en su último sendero, que, de ese modo, se convirtió para ella en un camino hacia la luz.

La estrella de la Nochebuena es ante todo el mismo Hijo hecho hombre. Él es la luz que indica

Imagen de las páginas 78 y 79:
Santa Isabel de Hungría (1207-1231) reparte comida a los pobres
Tabla 17 de las tablas de Lübeck en torno a la vida de Santa Isabel

el camino por las calles de la historia. Él hace pedazos la superstición, que florece de forma tanto más frondosa cuanto más se pierde la fe. Él muestra la ridiculez de la interpretación de los astros, que quiere encerrar al hombre en la necesidad del eterno retorno, en el que no hay nada nuevo sino sólo la reiteración de lo mismo.

Los verdaderos astros del ser humano son los hombres que le muestran el nuevo camino de su corazón y de su vocación. Cristo es la estrella que ha nacido y que, en la fe, nos enciende la luz que convierte después a los mismos hombres en estrellas que indican el camino hacia él. Isabel se convirtió para nosotros en una estrella semejante. En ese espíritu reza la oración de la segunda misa de Navidad: concédenos que «resplandezca en nuestras obras la fe que haces brillar en nuestro espíritu».

Con ello, la Navidad se hace del todo práctica. Mirar hacia la estrella significa recibir luz y dar luz, hacer que la luz recibida brille dentro del mundo que nos rodea para que se convierta para otros en una indicación del camino. Hay suficientes ocasiones para hacerlo. No sólo nos llama Adveniat.[18] Aquel cuyo corazón se haya despertado verá a su alrededor a muchos que esperan una luz. No dejemos que se nos llame en vano.

«LA LUZ BRILLA
EN LAS TINIEBLAS»

8 *Había unos pastores en aquella misma región que pasaban la noche al aire libre, vigilando por turno su rebaño.*

9 *Se les presentó un ángel del Señor y la gloria del Señor los envolvió en claridad. Ellos sintieron un gran temor.*

10 *Pero el ángel les dijo: «No tengáis miedo. Porque mirad: os traigo una buena noticia que será de grande alegría para todo el pueblo.*

11 *Hoy, en la ciudad de David, os ha nacido un Salvador, que es Cristo Señor.*

12 *Y esto os servirá de señal: encontraréis un niño envuelto en pañales y acostado en un pesebre».*

13 *Y, de repente, apareció con el ángel una multitud del ejército celestial que alababa a Dios, diciendo:*

14 *«Gloria a Dios en las alturas, y en la tierra paz entre los hombres, objeto de su amor».*

15 *Y cuando los ángeles los dejaron y se fueron al cielo, los pastores se decían unos a otros: «Pasemos a Belén, a ver eso que ha sucedido, lo que el Señor nos ha dado a conocer».*

16 *Fueron corriendo y encontraron a María y a José, y al niño acostado en el pesebre.*

17 *Al verlo, refirieron lo que se les había dicho acerca de este niño.*

18   Y todos los que lo oyeron quedaron admirados de lo que les contaban los pastores.

19   María, por su parte, retenía todas estas cosas repensándolas en su corazón.

20   Los pastores se volvieron, glorificando y alabando a Dios por todo lo que habían visto y oído, tal como se les había anunciado.

Del Evangelio según san Lucas, capítulo 2

El primer cántico navideño de la historia, con el que se fijó para todos los tiempos el sonido interior de la Navidad, no proviene de seres humanos. San Lucas nos lo transmite como el cántico de los ángeles que fueron los «evangelistas» de la Nochebuena: gloria a Dios en las alturas, y en la tierra paz entre los hombres, objeto de su amor, a los hombres de buena voluntad.

La paz que proviene de la gloria de Dios

Este cántico establece un criterio, nos ayuda a entender de qué trata la Navidad. Contiene un término clave que, justamente en nuestro tiempo, mueve a los seres humanos como casi ningún otro: la paz. La palabra bíblica *šalom*, que traducimos de ese modo, dice mucho más que la mera ausencia de guerra: afirma el recto estado de los asuntos humanos, el estado de salvación: un mundo en el que reinen la confianza y la hermandad, en el que no haya temor ni carencias, ni insidias ni mendacidad. En la tierra paz: ése es el objetivo de la Navidad. Pero el cántico de los ángeles presupone un primer elemento sin el cual no puede haber una paz duradera: la gloria de Dios. Ésta es la doctrina de Belén sobre la paz: la paz entre los hombres proviene de la gloria de Dios. Quien esté interesado en los hombres y en su salvación debe preocuparse antes que nada por la gloria de Dios. La gloria de Dios no es un asunto privado con el que cada cual puede manejarse a voluntad sino una cuestión de orden público. Es un bien común, y cuando Dios no es glorificado entre los hombres, el hombre no puede permanecer en su propia «gloria», en su honor. La Navidad tiene que ver con la paz entre los hombres justamente *porque* en ella se restauró la gloria de Dios entre los hombres.

El tiempo nuevo de la libertad

En efecto, esto mismo se ha hecho visible ya desde el comienzo a través de la ubicación de este día festivo en el calendario. El 25 de diciembre era y sigue siendo en el calendario judío la fiesta de la *ḥanukkah*, la fiesta de las luces. La fiesta nos recuerda que, en ese día del año 165 a. C., Judas Macabeo quitó del templo de Jerusalén el altar dedicado a Zeus que la tradición designaba

como la «abominación de la desolación en el lugar santo». En esa misma fecha, el rey sirio Antíoco, que se hacía venerar como Zeus, había hecho erigir la imagen idolátrica en el templo y había convertido ese día en su festividad. Con Judas Macabeo, esa fecha pasaba a ser el día de la purificación del templo, el día en que se reparaba el honor pisoteado de Dios y se iniciaba de nuevo la debida glorificación de Dios. Israel databa a partir de ese día su renacimiento: Israel había sido restaurado en el mismo momento en que pudo volver a servir a su Dios de forma apropiada.

Como la semana del 25 al 31 de diciembre era al mismo tiempo la semana previa al año nuevo, la restauración adquirió un significado aún más profundo: era una representación del nuevo comienzo de la creación, del esperado tiempo de la libertad. Por eso, ya en el año 100 a. C. se esperaba el nacimiento del niño-Mesías para ese día. Pues del Mesías se esperaba que enseñara a los hombres cómo se puede dar correctamente gloria a Dios y que, con ello, diera inicio al nuevo tiempo de la libertad. Ya en tiempos de Jesús se celebraba esa fiesta como la fiesta de las luces, según la frase del profeta: «El pueblo que caminaba en tinieblas vio una gran luz» (Is 9,1).[19]

Lucas expuso en su relato de la infancia de Jesús una cronología de profundo significado simbólico a través de cuyas dataciones sitúa el nacimiento de Jesús justamente en la fiesta de *ḥanukkah*, en la noche de las luces, que se convirtió así en la fiesta cristiana de la Navidad.[20] Con eso, Lucas quiere interpretar una vez más el significado del cántico de los ángeles: lo que Judas Macabeo sólo podía realizar de forma insuficiente fue llevado a cabo realmente por Cristo en su nacimiento. Él quitó del mundo las imágenes de los ídolos. Él construyó el templo de su cuerpo. Él restauró la gloria de Dios.

Todas las cosas tremendas que suceden en la historia universal parecen ser una única gran acusación contra Dios. Pero en el momento en que Dios aparece ante nosotros como niño, indefenso y con el único poder de su amor, todas las imágenes terribles de Dios quedan refutadas como ídolos. La condición humana del Hijo es la gloria del Padre. En el pesebre y en la cruz se erige la gloria de Dios en medio de este mundo. Allí donde haya hombres que sigan a ese Dios, comienza también una nueva humanidad y, aunque sea de manera fragmentaria, se inicia asimismo la paz sobre la tierra.

La fiesta de *ḥanukkah* era un día de reforma del culto y, a partir de allí, una fiesta de las luces.

El nacimiento de Jesús es la verdadera reforma del culto, y toda reforma que hagamos de nuestra parte debe apuntar en última instancia a guardar correspondencia con la reforma de Jesús, con este verdadero nuevo comienzo. Nuestra preocupación ha de ser que Dios sea honrado, que sea glorificado en nuestra condición humana y en nuestra tierra. ¡Cuánta abominación de la desolación hay también entre nosotros! En los ídolos de la pornografía, en la profanación del hombre por la violencia se deshonra junto con el hombre también a Dios. Dios es deshonrado en el olvido de Dios, que es la peor forma de inconsideración.

Hombres de paz

Pero también tenemos que preguntar, en clave positiva: ¿cómo puede glorificarse a Dios y, de ese modo, prestarse servicio a la paz? La narración bíblica lo expresa a través de los hombres que fueron llamados a acudir al pesebre. Todos ellos son a su manera hombres que oran, hombres que esperan, justos, vinculados al templo.

Allí está María, esbozada por Lucas como el arquetipo de la persona contemplativa. Allí está también José, a quien Mateo llama «justo», pero

VICTOR CARPATHIVS
·M·D·X·

no con una justicia meramente legalista, que se impone por sí misma, sino con una justicia que puede escuchar y ver desde el interior. Allí están los pastores en la sencillez de sus corazones; están también los sabios que van en busca del verdadero Señor del mundo; allí están asimismo Simeón y Ana, que han vinculado sus vidas al templo. Todos ellos son seres humanos en cuyas vidas Dios desempeña un papel decisivo, y por eso mismo son también hombres y mujeres de paz.

¿Qué hemos de traerte?

Pero hay algo más que forma parte de la imagen de la Navidad: los regalos. Nuestras obras de teatro popular navideño ilustran ricamente cómo los pastores piensan cuál podría ser el obsequio que pueden llevar al Niño, y toman las diferentes alternativas posibles de la misma vida cotidiana de los hombres de nuestra tierra.

Un himno litúrgico de la Iglesia oriental se dedica al mismo tema pero le da mayor profundidad. Dice el himno: «¿Qué hemos de ofrecerte, oh Cristo, que por nosotros has nacido hombre en esta tierra? Cada una de las criaturas, obra tuya, te trae en realidad el testimonio de su gratitud: los ángeles, su amor; el cielo, la estrella; los sabios, sus dones; los pastores, su asombro; la tierra, la gruta; el desierto, el pesebre. Pero nosotros, los hombres, te traemos una Madre Virgen».[21]

María es el regalo de los hombres a Cristo. Pero eso significa al mismo tiempo que el Señor no quiere de los hombres «algo», sino al hombre mismo. Dios no quiere que le demos porcentajes, sino nuestro corazón, nuestro ser. Él quiere nuestra fe y, a partir de la fe, la vida; después, de la vida, aquellos dones de los que se hablará en el juicio final: alimento y vestidos para los pobres, compasión y amor compartido, la palabra de consuelo y la compañía para los perseguidos, los encarcelados, los abandonados y los perdidos.

¿Qué hemos de ofrecerte, oh Cristo? Seguramente te traemos demasiado poco cuando sólo intercambiamos entre nosotros regalos caros que ya no son expresión de nosotros mismos y de nuestra gratitud —sentimiento que habitualmente dejamos sin expresar—. Intentemos llevarle por regalo la fe, llevarnos a nosotros mismos, y aunque más no fuera en esta forma: ¡Creo, Señor, ayuda mi incredulidad! Y no olvidemos ese día a los muchos en quienes el Señor sufre sobre la tierra.

El icono de Navidad de las Iglesias orientales adquirió sustancialmente su forma ya en el siglo IV y reunió en ella todo el misterio de la Navidad.[22] Ese icono expresa la profunda relación entre la Navidad y la Pascua, entre el pesebre y la cruz, la armonía entre el Antiguo y el Nuevo Testamento, la unión del cielo y de la tierra en el cántico de los ángeles y en el servicio de los pastores. Cada figura en ese icono tiene un profundo y arcano significado.

En el icono se asigna una función muy peculiar a san José. Él está sentado a un costado, sumergido en profunda reflexión. Delante de él se encuentra, vestido de pastor, el tentador, que le habla con textos de la liturgia y le dice: «Así como tu cayado no puede brotar, así un viejo no puede ya engendrar ni una virgen puede dar a luz».[23] La liturgia agrega: en su corazón se abatió una tempestad de pensamientos contradictorios, estaba confundido. Pero, iluminado por el Espíritu Santo, canta: ¡Aleluya! Así, el icono presenta en la figura de san José un drama que se repite siempre: nuestro propio drama.

Es siempre lo mismo. Una y otra vez nos dice el tentador: sólo existe el mundo visible y no hay encarnación de Dios ni nacimiento de la Virgen. Es la negación de que Dios nos conoce, de que nos ama, de que es capaz de actuar en este mundo. De ese modo, en lo más hondo es una negativa a la gloria de Dios. Es la tentación de nuestro tiempo, que se presenta con tantos motivos eruditos y aparentemente muy nuevos que parece irresistible. Pero es siempre la misma tentación.

Pidamos al Dios bondadoso que envíe la luz del Espíritu Santo también a nuestros corazones. Pidamos que nos regale también a nosotros el poder salir de la obstinación en nuestras aspiraciones, el ver llenos de alegría su luz y cantar: ¡Aleluya! ¡Verdaderamente, Cristo ha nacido, Dios se ha hecho hombre! Pidámosle que también en nosotros se verifique la frase de la liturgia oriental que dice: «Te traemos una Madre Virgen. Te nos traemos también a nosotros, más que un regalo monetario: te traemos la riqueza de la verdadera fe, a ti, el Dios y Salvador de nuestras almas».

«Y LA PALABRA
SE HIZO CARNE»

1   *Al principio ya existía la Palabra, y la Palabra estaba junto a Dios, y la Palabra era Dios.*

2   *Ella estaba al principio junto a Dios.*

3   *Todo llegó a ser por medio de ella; y sin ella nada se hizo de cuanto fue hecho.*

4   *En ella estaba la vida, y esta vida era la luz de los hombres;*

5   *esta luz resplandece en las tinieblas, pero las tinieblas no la recibieron.*

6   *Surgió un hombre enviado por Dios cuyo nombre era Juan;*

7   *éste vino para ser testigo, para dar testimonio de la luz, a fin de que todos creyeran por él.*

8   *No era él la luz, sino que venía a dar testimonio de la luz.*

9   *La Palabra era la luz verdadera que, llegando a este mundo, ilumina a todo hombre.*

10 *Ella estaba en el mundo, y aunque el mundo fue hecho por medio de ella, el mundo no la conoció.*

11 *Ella vino a los suyos, y los suyos no la recibieron.*

12 *Pero a todos los que la recibieron, a aquellos que creen en su nombre, les dio potestad de llegar a ser hijos de Dios;*

13 *los cuales, no de sangre, ni de voluntad humana, ni de voluntad de varón, sino de Dios nacieron.*

14   Y la Palabra se hizo carne y puso su morada entre nosotros. Nosotros vimos su gloria, gloria como de Hijo único que viene del Padre, lleno de gracia y de verdad.

15   Juan da testimonio de él y ha clamado diciendo: «Éste es aquel de quien dije: el que viene detrás de mí ha sido antepuesto a mí, porque existía antes que yo».

16   Pues de su plenitud todos nosotros hemos recibido: gracia por gracia.

17   Porque la ley fue dada por medio de Moisés y por Jesucristo vino la gracia y la verdad.

18   A Dios nadie lo ha visto jamás; el Hijo único, Dios, el que está en el seno del Padre, él es quien lo dio a conocer.

Prólogo del Evangelio según san Juan (capítulo 1)

En el Evangelio de la tercera misa de Navidad (Jn 1,1-18), lo amable y familiar del nacimiento de Jesucristo en el establo de Belén parece ser arrebatado hacia la extraña magnitud del misterio. No se habla aquí del Niño y de su madre, como tampoco de los pastores y de sus ovejas ni del cántico de los ángeles que anuncia a los hombres la paz que proviene de la gloria de Dios.

Y sin embargo, hay cosas en común con los otros relatos: también este Evangelio habla de la luz que brilla en las tinieblas; habla de la gloria de Dios, que podemos contemplar en la Palabra hecha carne como gracia, y habla del Señor que no fue recibido por los suyos.

Así, a través de esas palabras misteriosamente magnas se hace visible de pronto el establo en el que debía nacer el Hijo de David porque no había lugar para él en la ciudad.

Del mismo modo, una escucha más atenta y honda puede reconocer por cierto que el Evangelio del día no dice otra cosa que el de la Nochebuena, y que todos los evangelistas no anuncian sino un *único* evangelio. Sólo que parten desde distintas perspectivas.

Lucas y, de forma semejante, Mateo narran la historia terrena y abren a partir de ella el camino hacia el actuar oculto de Dios; Juan, el águila, mira desde el misterio de Dios y muestra cómo ese misterio llega hasta el establo, hasta la carne y la sangre del ser humano. ¿Cuál es, propiamente, su intención? ¿Qué quiere decirnos la Iglesia para el día de Navidad y, a partir de él, para el año entero, para nuestra vida en general, cuando nos presenta este texto de solemne austeridad, cuando en realidad esperaríamos que se nos anuncien las cálidas palabras de la historia de la Natividad?

Sí: mi vida tiene sentido. ¿Puede ser así?

Este Evangelio forma parte de la liturgia de Navidad desde remotísimos tiempos porque contiene la frase que indica el motivo de nuestra alegría, el contenido propio de la fiesta: «la Palabra se hizo carne y puso su morada entre nosotros» (1,14).

En Navidad no celebramos el día del nacimiento de un gran hombre cualquiera como los hay tantos. Tampoco celebramos simplemente el misterio de la infancia.

Cierto, la condición lozana, pura y abierta de un niño es fuente de esperanzas. Nos da ánimos para contar con nuevas posibilidades del ser humano. Pero si nos aferramos demasiado a esto solo, al nuevo comienzo de la vida en el niño, al final podría quedarnos sólo tristeza: también esto nuevo perderá su lozanía. También el niño deberá entrar en la pugna de la competencia de la vida y participar de sus componendas y humillaciones, y al final será botín de la muerte al igual que todos nosotros.

Si no tuviéramos otra cosa que celebrar más que el idilio del nacimiento y del ser niño, al final no nos quedaría idilio alguno. Al final sólo nos queda el eterno morir y devenir, y se puede preguntar si el nacer no es propiamente algo triste, puesto que, al fin y al cabo, no conduce sino a la muerte. Por eso es tan importante que, aquí, haya sucedido algo más: la Palabra se hizo carne.

«Este niño es Hijo de Dios», nos dice uno de nuestros antiguos y hermosos cánticos navideños.[24] Aquí ha sucedido lo tremendo, lo inimaginable y, sin embargo, al mismo tiempo lo siempre esperado, y hasta lo necesario: Dios ha venido a nosotros. Se ha unido al hombre de forma tan indisoluble que ese hombre es verdaderamente Dios de Dios, Luz de Luz, y sigue siendo verdadero hombre.

El eterno Sentido del mundo ha llegado a nosotros de forma tan real y verdadera que se lo puede tocar y mirar (véase 1 Jn 1,1). Pues lo que Juan llama «la Palabra» significa en griego al mismo tiempo tanto como «el sentido». Por eso podríamos traducir, con toda justeza: «el Sentido se hizo carne».

Pero este Sentido no es simplemente una idea general que se encuentra escondida dentro del mismo mundo. El Sentido se vuelve hacia nosotros. El Sentido es una palabra, una interpelación que se nos dirige. El Sentido nos conoce, nos llama, nos conduce. El Sentido no es una ley general en la que desempeñamos algún tipo de papel. Ese Sentido está pensado de forma totalmente personal para cada uno. Él mismo es persona: es el Hijo del Dios vivo, que nació en el establo de Belén.

A muchas personas —de alguna manera a todos nosotros—, esto nos parece demasiado bello para que sea verdad. Se nos dice, en efecto: hay un sentido detrás de todo ello. Y ese sentido no es una rebelión impotente contra el sinsentido. El Sentido tiene poder. El Sentido es Dios. Y Dios es bueno. Dios no es cierto ser supremo que se encuentra lejos y al que nunca es posible acercarse. Él está muy cerca, al alcance de nuestra voz, siempre accesible. Dios tiene tiempo para mí, tanto tiempo que estuvo acostado como hombre en el pesebre y mantiene eternamente su condición humana.

Nos preguntamos, una y otra vez: ¿es posible esto? ¿Guarda correspondencia con Dios el que sea un niño? No queremos creer que la verdad sea hermosa. Según nuestra experiencia, la verdad es a fin de cuentas casi siempre cruel y sucia: y cuando alguna vez parece no serlo, cavilamos tanto y le damos tantas vueltas que, al final, seguimos teniendo razón con nuestro recelo.

Del arte se afirmó una vez que sirve a lo bello y que lo bello, a su vez, es *splendor veritatis*, el esplendor de la verdad, su luminosidad interior. Hoy en día, sin embargo, en la mayoría de los casos el arte ve su tarea suprema en desenmascarar al hombre como un ser sucio y asqueroso.

Si pensamos en los dramas de Bertolt Brecht, encontramos que, también en su caso, toda la genialidad del poeta está dirigida al desvelamiento de la verdad, pero no ya para mostrar su esplendor sino para indicar que la verdad es sucia, que la suciedad es la verdad. El encuentro con la verdad ya no ennoblece sino que denigra. De ahí la burla contra la Navidad, la ridiculización de nuestra alegría.

Y así es: si Dios no existe, no queda luz alguna sino sólo la sucia tierra. En ello estriba la verdad realmente trágica de este tipo de «poesía».

«Los suyos no la recibieron» (1,11), dice el prólogo de san Juan sobre la Palabra encarnada. Al final, preferimos nuestra empecinada desesperación a la bondad de Dios que quisiera tocar nuestro corazón desde Belén. Al final, somos demasiado orgullosos como para dejarnos redimir.

«Los suyos no la recibieron»: el abismo de esta frase no se agota en la historia de la búsqueda de albergue que solemos representar una y otra vez con tanto amor en nuestro teatro popular navideño. Tampoco se agota con el llamamiento moral a pensar en los sin techo que pueblan el mundo entero y nuestras propias ciudades, por importante que sea tal llamamiento. Esa frase toca algo más profundo en nosotros, toca el motivo más íntimo y hondo por el cual la tierra no ofrece techo a tantos seres humanos: el hecho de que nuestra soberbia cierra las puertas a Dios y, con ello, también a los hombres.

Somos demasiado soberbios para ver a Dios. Nos pasa como a Herodes y a sus especialistas en teología: en ese nivel ya no se oye cantar a los ángeles. En ese nivel uno se siente amenazado por

Jacob Jordaens (1593-1673):
Los cuatro evangelistas
París, Museo del Louvre

Dios o bien se aburre de él. En ese nivel no se quiere ser ya de «los suyos», ser «de Dios», propiedad de Dios, sino pertenecerse sólo a uno mismo. Por eso tampoco podemos recibir entonces a Aquel que viene a los suyos, a su propiedad: para hacerlo, deberíamos cambiar, reconocerlo como dueño.

Él vino como niño para quebrar nuestra soberbia. Quizá hasta hubiésemos capitulado ante el poder, ante la sabiduría. Pero él no quiere nuestra capitulación sino nuestro amor. Quiere liberarnos de nuestro orgullo y, de ese modo, hacernos verdaderamente libres.

Por eso, dejemos que la alegría de este día penetre en nuestra alma. No es una ilusión. Es la verdad. Pues la verdad –la última, la verdadera– es hermosa. Y es buena. Encontrarla hace bueno al hombre. Ella nos habla desde el Niño que es el propio Hijo de Dios.

Su gloria en medio de este mundo

Nuestro Evangelio desemboca en la frase «Nosotros vimos su gloria...» (1,14). Podría ser la expresión de los pastores que regresan del establo y resumen así su vivencia. Podría ser también la expresión con la cual María y José describen su recuerdo de la noche de Belén. Pero aquí se trata de la mirada retrospectiva del discípulo, que afirma lo que le sucedió en el encuentro con Jesús.

Y, en realidad, todos los cristianos deberíamos poder decir la frase: nosotros vimos su gloria. Más aún, hasta se podría declarar, a partir de allí, en qué consiste creer: ver su gloria en medio del mundo.

El que cree, ve. Pero ¿hemos visto nosotros? ¿No nos habremos quedado ciegos? ¿No estamos mirándonos siempre a nosotros mismos y a nuestra propia imagen? Cada cual puede ver fuera de sí mismo sólo aquello con lo que su interior guarda correspondencia.

Dejemos que el misterio de este día nos abra los ojos y nos torne videntes. Entonces viviremos por iniciativa propia como quienes ven, como hombres que no piensan sólo en sí mismos ni se conocen sólo a sí mismos. La colecta de Adveniat[25] podría ser una pequeña respuesta a la llamada de la Navidad, un signo de que escuchamos y hemos aprendido a ver, de que reconocemos a Dios como el verdadero propietario también de nuestro patrimonio. Así podríamos convertirnos nosotros mismos en portadores de la luz que proviene de Belén y, después, rezar, llenos de confianza: *Adveniat regnum tuum*. Venga a nosotros tu reino. Venga a nosotros tu luz. Venga a nosotros tu alegría.

APÉNDICE

Notas

1.   Véase al respecto P. Jounel, en: A. G. Martimort, *La Iglesia en oración: introducción a la liturgia*, traducción de A. Ros revisada por P. Tena, Barcelona ²1967, 800-804.

2.   Véase J. Pieper, *Las virtudes fundamentales*, Madrid-Bogotá ³1980, 449.

3.   Véase, por ejemplo, G. Kittel, artículo «Thamar», en: *Theologisches Wörterbuch zum Neuen Testament* III, 1-3. Mientras que Kittel comprende el sentido teológico de las cuatro figuras femeninas en clave de gracia como justificación del pecador, según mi modo de ver es E. Schweizer, en *Das Evangelium nach Matthäus*, Gotinga ³1981, 9, quien ha visto correctamente la perspectiva decisiva: el hecho de que, aquí, se trata de mostrar de forma prefigurada a la Iglesia formada por judíos y gentiles. También de ese modo se anuncia mediante la genealogía la «gracia» como el tema central del Evange-

lio. Sólo que la idea de gracia está concebida con un alcance más vasto, en toda su dimensión histórica y eclesial.

4. Traducción no coincidente con la versión de la Biblia utilizada en la presente edición. [*N. del T.*]

5. Esta homilía fue pronunciada el 17 de diciembre. La oración del día parte de la profesión de fe en la encarnación del Logos en Cristo en las entrañas de la Virgen María, resume así el contenido teológico esencial del Evangelio de la genealogía y lo aplica en la siguiente petición: «que tu Unigénito, hecho hombre por nosotros, se digne hacernos partícipes de su condición divina».

6. De una de las estrofas del cántico de adviento *Lobt Gott, ihr Christen alle gleich* («Cristianos todos por igual, alabad a Dios»), del siglo XVI (*Einheitsgesangbuch* 27). [*N. del T.*]

7. Ignacio de Antioquía, *Carta a los magnesios*, 3, 1.

8. Bo Reicke, «Jahresfeier und Zeitenwende im Judentum und Christentum der Antike», en: *Tübinger Theologische Quartalschrift* 150

(1970) 321-334. Las perspectivas de este artículo, que revoluciona el consenso vigente hasta ahora en la investigación sobre el origen de las fiestas de Navidad y Epifanía, parecen no haber hallado todavía casi ninguna recepción en la investigación litúrgica.

9. Tomás de Celano, *Vida segunda* CLI, 199, versión en español tomada de: *San Francisco de Asís. Escritos. Biografías. Documentos de la época*, nueva edición, corregida y actualizada, preparada por J. A. Guerra, Madrid 2003.

10. Celano, *Vida primera* XXX, 84. A propósito del surgimiento del pesebre véase Dom Gougand, «La Crèche de Noël avant Saint François d'Assise», en: *Revue des Sciences Religieuses* 2 (1922) 26-34.

11. Celano, *Vida primera* XXX, 86.

12. Véase J. Ratzinger, *El Dios de Jesucristo*, Salamanca: Sígueme, [2]1980, 66-71; Arno Schilson, *Gott kommt als Kind*, Friburgo de Brisgovia 1977.

13. Celano, *Vida primera* XXX, 84.

14. J. Ziegler, «Ochs und Esel an der Krippe. Biblisch-patristische Erwägungen zu Is 1,3 und Hab 3,2 (LXX)», en: *Münchener Theologische Zeitschrift* 3 (1952) 385-402.

15. Celano, *Vida primera* XXX, 86.

16. Véase H. J. Brandt, *Elisabeth von Thüringen*, Mühlheim del Ruhr, 1981.

17. Ibídem.

18. Obra episcopal de ayuda de la Iglesia católica en Alemania para la Iglesia de América Latina. La «llamada» de Adveniat a la que se refiere el autor es la acción anual que se realiza durante el Adviento y que culmina en una colecta nacional. [*N. del T.*]

19. Sobre la relación entre la Navidad y la fiesta de la consagración del templo judío (*ḥanukkah*) véase Bo Reicke, o. c.

20. Véase ibídem 330s.

21. *Stikharion* de la Navidad, citado según P. Evdokimov, *L'art de l'icône. Théologie de la beauté*, Tournai 1970, 236.

22. Edvokimov, ibídem 225-238, ofrece una interpretación fascinante de la abarcadora teología del icono de Navidad.

23.   Ibídem 236.

24.   Cántico navideño *O freudenreicher Tag* («Oh día lleno de alegría»). [*N. del T.*]

25.   Véase nota 18. [*N. del T.*]

RELACIÓN DE FUENTES

Los textos de Joseph Ratzinger, hoy papa Benedicto XVI, que han sido reunidos en este volumen provienen de los siguientes libros:

Joseph Ratzinger, *Licht, das uns leuchtet. Besinnung zu Advent und Weihnachten*, mit einer Betrachtung von Papst Johannes Paul I, Friburgo-Basilea-Viena: Herder, 1978 (nueva edición como libro de obsequio en la que se han conservado sólo los textos de Joseph Ratzinger: *Licht, das uns leuchtet. Meditationen zur Advents- und Weihnachtszeit*, Friburgo-Basilea-Viena: Herder, 1999).
Joseph Ratzinger / Heinrich Schlier, *Lob der Weihnacht*, Friburgo-Basilea-Viena: Herder, 1982.

«Al comienzo del Adviento. Una conversación de Adviento con enfermos», tomado de: *Licht, das uns leuchtet*, 9-23 (libro de obsequio: 4-10).

«La genealogía de Jesús», tomado de: *Lob der Weihnacht*, 7-16.

Imagen de la Virgen (siglo V)
Roma, iglesia de Santa Franscesca Romana

«El árbol de la vida», tomado de: *Lob der Weihnacht*, 17-24.

«El buey y el asno en el pesebre», tomado de: *Licht, das uns leuchtet*, 25-37 (libro de obsequio: 11-17); en esta edición el texto se reproduce en la versión levemente aumentada publicada en *Bilder der Hoffnung. Wanderungen im Kirchenjahr*, Friburgo-Basilea-Viena: Herder, 1997, 17-24.

«La nueva estrella», tomado de: *Lob der Weihnacht*, 25-34.

«La luz brilla en las tinieblas», tomado de: *Lob der Weihnacht*, 35-46.

«Y la Palabra se hizo carne», tomado de: *Licht, das uns leuchtet*, 39-49 (libro de obsequio: 18-22).